Édition originale

7, rue Saint-Lazare - 75009 Paris
Dépôt légal : 4e trimestre 2007.
Bibliothèque Nationale.
ISBN13 : 978-2-7130-2085-8
Exclusivité au Canada :
Éditions École Active
2205, rue Parthenais, Montréal,
Qué. H2K 3T3
Dépôts légaux : 4e trimestre 2007.
Bibliothèque Nationale du Québec,
Bibliothèque Nationale du Canada.
ISBN : 978-2-89069-844-4

Loi n° 49-956 du 16 juillet 1949
sur les publications destinées
à la jeunesse.

Création - Réalisation :
Joyce Taubé
Direction de collection :
Paul Andréa Lémani
Maquette :
Bloc-notes

Imprimé en Europe

Sommaire

Introduction

En plus de pousser une balle en se promenant au grand air, loin du bruit et dans des endroits superbes, le golf est un sport de précision dont l'objectif est d'envoyer, à l'aide d'un club, en un minimum de coups, une balle dans chacun des 18 trous successifs composant le parcours.

Parmi les qualités nécessaires pour pratiquer ce sport, on peut citer la précision, l'endurance, la technicité et la concentration, sans oublier la maîtrise de soi et le fair-play.

Petit historique

Les origines du golf sont mal connues, mais on peut penser que, comme pour le monstre du Loch Ness, sa naissance est écossaise.

Il existe depuis longtemps, plusieurs formes de jeu consistant à frapper une balle avec un bâton en direction d'une cible.

Au milieu du XIVe siècle, on s'adonnait, en pays flamand, au jeu de la chôle (ou choule). La balle était en bois de hêtre et la crosse se composait d'un manche rigide et d'une tête en métal. Situé à plusieurs kilomètres du point de départ, un arbre ou un piquet faisait office de cible.

À la même époque, dans les anciens Pays-Bas, le Ket kolven se jouait sur la glace et la canne utilisée par les joueurs avait le nom de Kolf.

Au XVIe siècle, on pratiquait en France un jeu d'origine italienne, le jeu de mail. Comme pour le golf, les joueurs pouvaient placer la balle sur un petit monticule pour frapper le premier coup et, toujours comme pour le golf, la balle devait être frappée à l'endroit précis où elle était tombée.

Le golf est-il né en Europe et les Écossais se le sont-ils approprié, ou peut-on imaginer qu'il y a un peu plus de 600 ans, un berger écossais, sur une lande sablonneuse en bordure de mer, s'amusait à envoyer, à l'aide de sa houlette, des cailloux, le plus loin possible ?

Petit historique

Pendant longtemps le golf ne connaît pas de règlement précis. Il faut attendre 1754 pour voir apparaître les treize premières règles écrites concernant ce sport. Celles-ci sont édictées par la société de golfeurs de Saint Andrews (Écosse), la "Royal and Ancient Golf Club of Saint Andrews". Elles sont à l'origine des bases du règlement actuel, y compris le nombre de trous

composant un parcours, c'est-à-dire 18. Dès cette époque, les terrains de jeu se multiplient : au Royaume-Uni le nombre de parcours passe de sept en 1800 à quatre mille en 1910.

En 1856 est créé, à Pau (France), le plus ancien club de golf continental et les premiers parcours helvétiques (à Genève et en Engadine) apparaissent entre 1890 et 1900.

Il arrive à Montréal en 1873, bien que le jeu soit connu dans le Nouveau Monde depuis 1743.

Aux États-Unis, la première organisation golfique, la United States Golf Association (USGA) est créée en 1894.

En 1900 ainsi qu'en 1904 le golf est reconnu comme une discipline olympique.

Petit historique

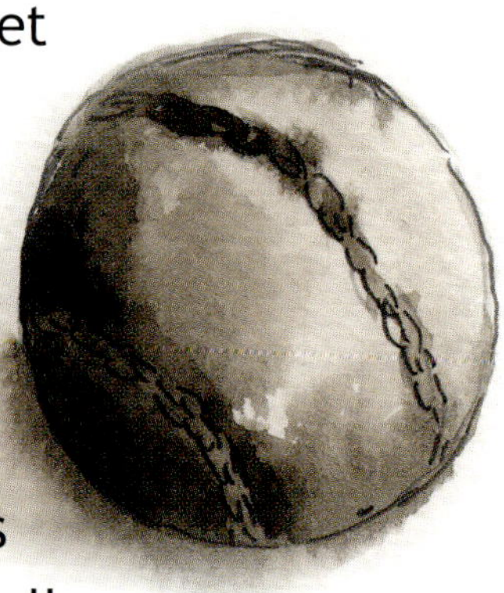

Les balles fragiles et très chères étaient constituées d'une enveloppe de cuir remplie de plumes d'oies bouillies. Elles sont remplacées vers 1840 par des balles en résine gutta-percha (latex moulé d'un arbre de Malaisie). Ceci est la première raison de la démocratisation du golf, la deuxième étant l'invention de la tondeuse à gazon.

Aujourd'hui, 60 millions de personnes pratiquent ce sport et, en France, où l'on dénombre plus de cinq cents parcours, il se situe en 7e position parmi les activités sportives les plus pratiquées et compte 380 000 licenciés, dont près de 110 000 femmes. L'augmentation spectaculaire du nombre de golfeurs depuis dix ans est due en grande partie à la création de nouveaux terrains, plus de 235 % en 25 ans.

“ Le Golf est un sport où l'on doit tenter de contrôler une balle avec des outils tout à fait inadaptés à cet effet. ”
Thomas Woodrow Wilson,
28e président des États-Unis

Découvre ton sport e

Le golf peut se pratiquer très tôt, dès cinq ans (2 ans pour Tiger Wood) et se jouer toute sa vie.
C'est également un sport excellent pour la santé et s'adaptant à la condition physique de chacun.

Son apprentissage conditionne pour longtemps ta progression et demande à être mené par un professeur expérimenté.

Sous sa conduite, tu t'entraîneras dans des installations de practice (sorte de stands où l'on peut frapper des balles les unes après les autres), sur des ateliers de petit jeu (chipping green et putting green), où les coups sont joués à moins de 50 m du green.

Tu prendras contact avec le terrain par un parcours école (parcours compact), composé de 9 trous.

Des golfs compacts urbains (6 trous) se développent depuis plusieurs années, à proximité des agglomérations, et sont une bonne façon de s'initier à ce sport.

Le swing

Le swing est la base du golf. C'est le mouvement de tout le corps (69 muscles et 13 articulations) qui, prolongé par le club, va projeter ta balle à l'endroit voulu.

Tout l'art de ce mouvement consiste à allier la puissance de la frappe à la finesse du toucher de balle.

Si le swing se travaille, se travaille encore et encore, c'est qu'il est **le mouvement du golf**.

Quel que soit le club utilisé, ce mouvement doit rester le même. C'est au club à s'adapter au swing. Celui-ci étant choisi en fonction de la distance et de la trajectoire que tu veux donner à la balle.

"Il faut jouer en fonction de l'objectif (en l'occurrence le drapeau), et non la balle", martèle Philippe Mandrillon, professeur diplômé au golf d'Esery (Haute-Savoie). Il ajoute "Le golf est un sport de lancer, avec une cible, au moyen d'un engin. La balle n'est qu'un obstacle sur la trajectoire du swing".

ses techniques

Le swing parfait est celui qui amène l'impact le plus puissant et le plus précis sur l'arrière de la balle.

Pour réussir le swing, il te faut imaginer le mouvement à réaliser, le visualiser et te concentrer entièrement et uniquement sur l'objectif à atteindre.

L'adresse

Lorsque tu te mets en position (à l'adresse), tu places tes pieds (le stance) en fonction de la cible, la face du club étant dirigée vers l'objectif. C'est à partir de cette position que tu vas donner à ton corps le mouvement voulu et à la balle son effet.

Le grip

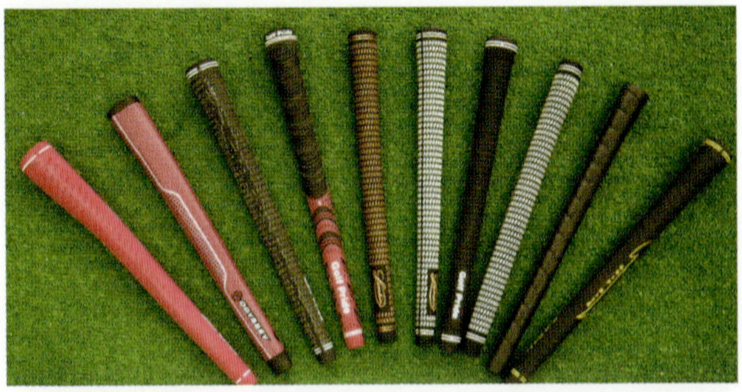

Tes deux mains sont placées sur le grip (le haut du manche). Cette prise s'appelle également le grip !
La paume de la main gauche est appliquée contre le manche et les extrémités des doigts de la main droite l'enserrent (pour les droitiers). Ce positionnement détermine la physionomie du swing et la direction que prend la balle.

Avant de frapper, tu effectues de petits mouvements décontractant au-dessus ou derrière la balle (le waggle). Mouvements qui te permettent également de déterminer la courbe de ton swing.

Décomposition du mouvement

Le mouvement de swing s'exécute en trois phases principales :
la **montée**, où les mains, les bras et le corps amènent ton club en arrière ;
la **descente** où le poids du corps change de jambe, les bras sont balancés et les mains conduisent la tête du club à l'impact avec la balle ;

Les trois positions de grip pour les droitiers

Le base-ball grip (1) est la prise idéale pour les jeunes golfeurs. Les mains sont placées l'une à côté de l'autre sur le grip, comme sur une batte de base-ball.

La prise superposée (2), (overlapping grip ou Vardon grip) est la plus répandue.
Le petit doigt de la main droite est sur l'index de la main gauche.

La prise entrecroisée (3) est utilisée par la plupart des golfeurs aux petites mains. Le petit doigt de la main droite est entrelacé avec l'index de la main gauche.

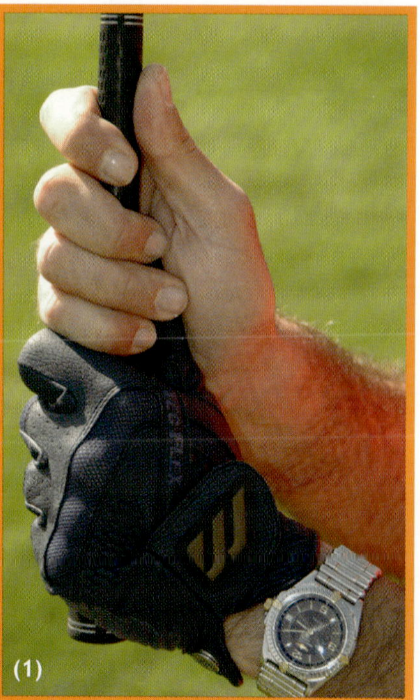
(1)

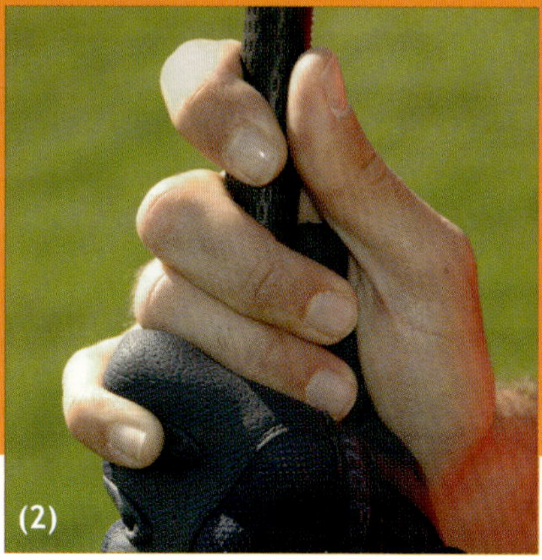
(2)

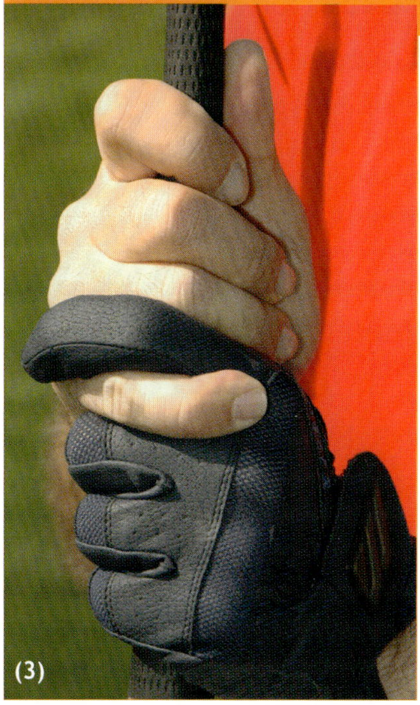
(3)

la traversée (le follow-through) : après avoir frappé la balle, le club continue sa trajectoire et effectue un mouvement de remontée.

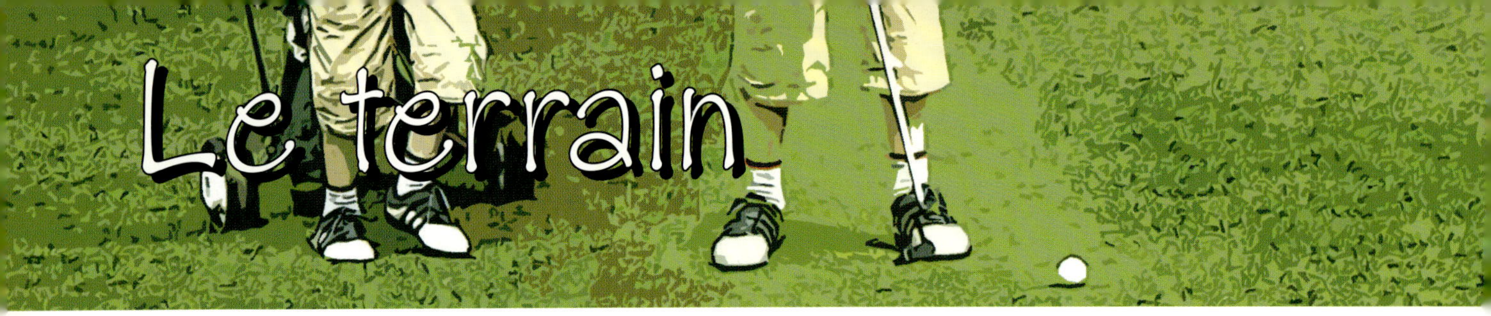

Le terrain

Tous différents, qu'ils soient en bord de mer, à la campagne ou en montagne, dans un milieu vallonné ou escarpé, parsemés d'obstacles divers, balayés par des vents violents, les terrains sont néanmoins toujours composés d'un parcours mesurant entre 5,8 et 6,3 kilomètres.

Le parcours d'un golf est constitué de 18 trous (parfois 9).

Le par

Le par est le nombre de coups idéal pour “faire le trou”, c'est-à-dire, amener la balle du point de départ (le tee) au drapeau d'arrivée marquant le trou (physique).

Les trous sont divisés en trois catégories selon leur longueur. Un trou dont la distance allant de l'aire de départ au green mesure 229 mètres au maximum est appelé un *par 3*.

Entre 229 et 434 mètres, il s'agit d'un *par 4* et au-delà de 434 mètres, on parle de *par 5*. (Le plus long par mesure 831 mètres et se trouve au japon).

Un parcours traditionnel a un par de 72 (dix *par 4*, quatre *par 5* et quatre *par 3*).

Le terrain

Pour réussir le par, on considère qu'il faut deux coups roulés sur le green plus le nombre de coups nécessaires pour y conduire la balle. Par exemple un *par 5* nécessite 3 coups pour amener la balle sur le green et deux coups pour la faire rouler dans le trou.

Si tu réussis le trou en faisant le nombre de coups indiqués, on dit que tu fais le “par excellence”.

Un “birdie” est le trou réussi en 1 coup de moins que le par.

Un "eagle” est le trou réussi en 2 coups de moins que le par.

Un ”albatros” est le trou réussi en 3 coups de moins que le par. La chance y est pour beaucoup !

Si tu fais un coup de plus que le par, c'est un “bogey”, 2 coups, “un double bogey”, etc.

Le green se met au vert

Le respect de l'environnement et les préoccupations écologiques concernent également le golf.

Certains clubs remplacent leur parc automobile par des véhicules électriques et utilisent un carburant issu de la production agricole pour le fonctionnement des engins d'entretien 2-temps.

Les surfaces engazonnées sont traitées avec des engrais sans composants chimiques et en bordures de haies, la végétation est laissée en prairie naturelle. Les arbres situés sur le terrain, abattus par des éléments naturels, sont utilisés pour la fabrication de copeaux et le bois sert à la construction d'abris pour les joueurs.

Le terrain

Chaque trou est composé de trois zones jouables : **l'aire de départ**, **le fairway** et **le green**.

L'aire de départ (le tee) est un espace, souvent rectangulaire, couvert d'herbe assez rase, généralement surélevé par rapport au terrain.
Sur cette zone, où se joue le premier coup, tu es autorisé à placer ta balle sur un petit support en plastique appelé " le tee".
Sur ces aires, se trouvent des repères de couleur. Ceux-ci indiquent d'où partent les joueurs, en fonction de leur classement.
Les marques blanches et les jaunes indiquent le départ de joueurs confirmés, tandis que les bleues et les rouges marquent le départ des femmes et des joueurs moins expérimentés.

Le fairway (ou la piste) est la partie du parcours couverte d'herbe rase, comprise entre l'aire de départ et le green, pouvant comporter des obstacles d'eau ou des cuvettes creusées artificiellement et remplies de sable "les bunkers". Le fairway est bordé par le "rough", une partie non entretenue, avec de hautes herbes, des racines, des arbustes ou de la forêt.

Le green est l'arrivée du parcours, composée de gazon ras et dru. Il est de taille variable, pouvant mesurer entre 100 et 700 m^2. C'est là où se trouve le trou

(10.8 cm de diamètre), marqué par un drapeau.

Le drapeau s'enlève lorsque tu fais rouler la balle en direction du trou.

Des piquets blancs marquent les limites du parcours. Lorsqu'un joueur envoie sa balle en dehors de ces limites, il doit rejouer une autre balle, avec une pénalité.

Le matériel et l'équipe

Un sac d'une quinzaine de kilos, posé ou non sur un chariot contenant les clubs, des tees et des balles est le minimum à emporter pour effectuer un parcours. Avoir un bon équipement et savoir l'entretenir est presque aussi important que de s'exercer au swing.

Les clubs

Les clubs (les cannes) se divisent en trois groupes. Les bois et les fers servent à faire voler la balle jusqu'au green tandis que les “putters” font rouler la balle jusqu'au trou.

Les bois, à l'origine construits en bois de hickory, appelés aujourd'hui bois-métal, ont des têtes composées d'alliages différents (acier inoxydable ou graphite, voir titane). Leur numérotation s'étend de 1 à 7. Appelés bois de parcours, ils servent aux coups longs sur le fairway et parfois à se sortir du “rough”. Le plus imposant, le N° 1 porte le nom de “driver”. Il est utilisé pour le coup de départ de chaque trou et permet d'envoyer la balle jusqu'à 190 et 210 mètres.

Les wedges sont des fers courts employés pour les coups en hauteur et pour se sortir de certains obstacles. Le sand-wedge à semelle large et rebondie, très ouvert, sert à extraire la balle d'un bunker.

Les fers sont numérotés de 1 à 10. Comme pour les bois, ceux portant un petit N° sont les plus fermés et peuvent envoyer la balle très loin. Leurs angles s'ouvrent de façon régulière au fur et à mesure que le N° augmente, la distance diminue et le coup gagne en altitude.
Entre chaque N°, l'écart de distance varie entre 8 et 12 mètres.

Le putter a une forme particulière (tête droite et manche central). Il est utilisé exclusivement pour faire rouler la balle sur le green jusqu'au trou.

Le nombre de clubs autorisés sur un parcours est de 14. Un set se compose habituellement de quatre bois, dont le driver ; de neuf fers, comprenant un "pitching wedge", un "sand wedge" et d'un "putter".

Le quatorzième club est laissé au choix du joueur.

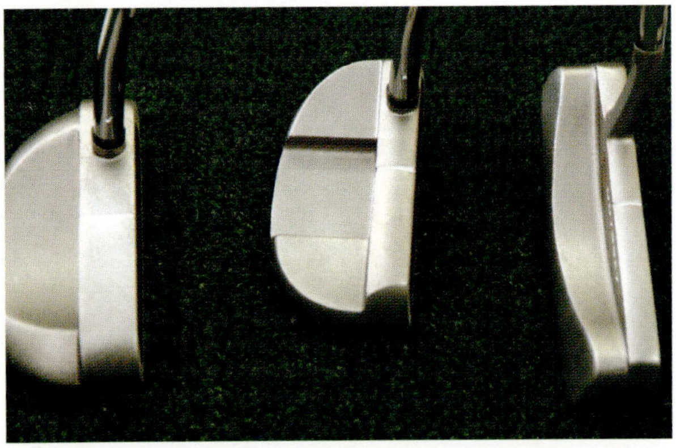

Les clubs doivent êtres adaptés au joueur. Différents critères les caractérisent.

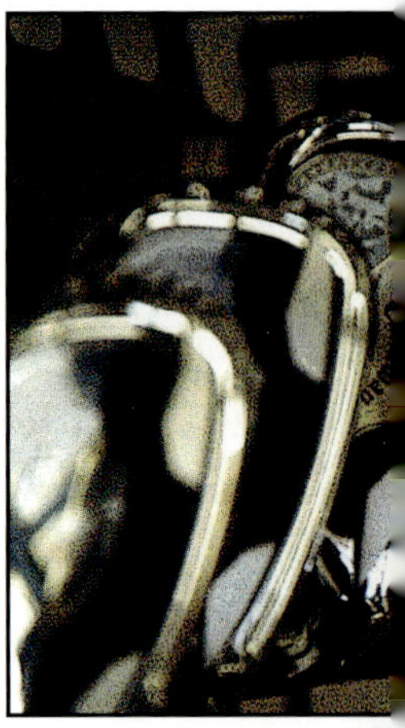

Il y a la longueur. Les clubs pour femmes sont légèrement plus courts que ceux pour hommes.

Le poids : D0 = léger, D1 = normal, D2 = lourd, C9 = encore plus léger.

La flexibilité, répartie en cinq degrés. X (Rigidité totale), réservé aux très grands professionnels. S pour les joueurs de haut niveau et les professionnels. R (Régulier), pour les joueurs moyens. A pour les femmes athlétiques et les joueurs souhaitant une puissance de frappe supérieure. L (Souples) parfaits pour les joueurs à petites mains et pour les femmes.

L'inclinaison du club est extrêmement importante, c'est cet angle (le lie), fait par le manche et le bord inférieur de la tête du club, qui assure la bonne position du joueur.

ment

Un fer bien poli, avec des sillons régulièrement nettoyés, donne à la balle une trajectoire plus nerveuse et plus précise.

Le matériel et l'équipe

L'entretien du matériel

Le matériel étant assez cher, il vaut la peine de bien l'entretenir. Sur le terrain, les clubs sont essuyés après chaque coup et les rainures des têtes débarrassées de la terre au moyen des tees.

Pour éviter le frottement des clubs et des manches pendant le transport, on les protège au moyen de capuchons de têtes extra longs.

Après le parcours, les têtes de clubs doivent être nettoyées soigneusement avec une brosse et de l'eau savonneuse pour supprimer toutes traces de terre et d'herbes.

La balle

La balle de golf a un poids maximum de 45,93 grammes et son diamètre minimal est de 42,67 millimètres. Plus le nombre d'alvéoles l'entourant est élevé, plus la balle pénètre facilement dans l'air et peut être projetée loin, tandis qu'un plus petit nombre favorise son contrôle et ses effets.

Les balles ont des compressions (duretés) différentes : 80, 90 et 100. Celles-ci déterminent la vitesse et la puissance que l'on veut donner au swing.

Contrairement à d'autres sports, la balle ne t'est pas imposée. C'est à toi de l'essayer et de choisir celle convenant le mieux à ton type de jeu.

Tandis que la balle mono pièce ne s'utilise qu'au practice, la balle en trois-pièces est un produit complexe

dont le noyau est formé d'une bille de verre ou d'acier, baignant dans un liquide. Cet ensemble est entouré d'une enveloppe de caoutchouc, elle-même ceinturée d'un fil élastique étiré. Le tout est protégé par une coque de caoutchouc vernie et creusée de plusieurs centaines d'alvéoles.

La coque peut être dure, en surlyn, ayant une très grande longévité et autorisant une frappe violente ou en balata, plus douce, permettant de lui donner de l'effet et de pouvoir bien la contrôler.

Attention

Une balle lancée avec force, au départ d'un drive, peut atteindre la vitesse de 250 km/h.

Conseil

Pense à marquer ta balle d'un signe distinctif, elle sera ainsi plus facile à récupérer lorsqu'elle s'égare sur le terrain et t'évitera de jouer avec une balle autre que la tienne, ce qui entraîne une pénalité.

Le matériel et l'équipe

L'habillement

Le golf se pratiquant par tous les temps, il est conseillé de porter une tenue imperméable et légère, dans un matériau qui respire.

C'est également un sport où l'on marche beaucoup, environ 4 heures par parcours, tu préféreras les chaussures offrant le meilleur confort.

Dans un premier temps, une paire de baskets avec un bon maintien est suffisante. Par la suite tu choisiras des chaussures avec des crampons plastiques (soft-spikes), permettant une assise ferme lors du swing.

Ces chaussures sont chères et méritent un entretien attentif.

En plus de les tenir propres et souples, il te faut les protéger contre l'humidité.

Pense également à protéger ta tête des coups de soleil en portant un chapeau ou une casquette, en évitant qu'il ne gêne ton swing.

Le gant, porté à la main gauche,

Certains clubs ont des règles vestimentaires strictes, généralement appliquées lors des compétitions. Sont notamment bannis les blue-jeans et les tee-shirts. Les téléphones portables sont également interdits.

pour les droitiers, permet un meilleur grip et évite les ampoules. Les critères de sélection sont le confort et la prise en main du manche, même par temps humide.

Les anciens sacs tout en cuir sont remplacés par des sacs très légers en polyuréthane, possédant des alvéoles rembourrés où placer tes clubs pour éviter tout frottement entre eux.

Le grip, la partie où tu places tes mains sur le manche, s'use également et si tu joues régulièrement, tu dois le changer chaque année.

Conseil

Un grand parapluie n'est pas toujours superflu et pour parer à tout inconvénient prévois de la crème solaire, de l'anti-moustique, des lacets de rechange, et des pansements adhésifs (en cas d'ampoules).

Pense à emporter de quoi boire et, pour éviter l'hypoglycémie, de petites quantités de fruits secs ou des barres de céréales.

Entraînement, échauffe

Pour améliorer ton jeu, tu dois acquérir une bonne technique, avoir un bon équipement, mais tu dois également t'entraîner physiquement. En plus d'une bonne hygiène alimentaire, cette préparation implique le renforcement musculaire, les étirements et l'entretien cardio-pulmonaire.

Sport de plein air, le golf est excellent pour le cœur, mais, en raison de la répétition du mouvement de swing, faisant pivoter le corps et sollicitant constamment le dos, la musculature du joueur est plus exercée d'un côté que de l'autre. Il y a risque de déséquilibre.

La pratique de la natation est un complément tout à fait indiqué.

Pour être à un bon niveau, Il faut compter 8 heures d'entraînement par semaine, sans compter les exercices de musculation.

Il existe un certain nombre de mouvements assez simples pour gagner en puissance, fortifier les muscles et renforcer la respiration. Le tir à la corde en fait partie et est excellent pour les cuisses, les mains, les poignets et les avant-bras.

Tu peux améliorer le développement de ces différentes parties du corps en exécutant des swings contre un vieux pneu de voiture posé à plat.

Les “pompes” sont également recommandées ainsi que les exercices abdominaux, essentiels pour le maintien de la posture.

Quelques minutes d'exercices avant le premier trou peuvent t'éviter des lésions corporelles : des blessures des tendons et des muscles.

Les joueurs professionnels passent une heure à s'échauffer avant de frapper leur première balle.

Sur le parcours, pour obtenir un swing efficace, il est indispensable que la souplesse des muscles et des articulations, que ce soit au niveau du dos, des épaules et du cou, soit maximale, ce qui implique un échauffement en douceur. Il ne faut jamais travailler les muscles fatigués.

Entraînement, échauffe

Au golf, la dépense physique reste généralement peu importante et ne mobilise pas toute l'énergie du joueur. Sous forme de boutade, on dit : “Au golf, le muscle principal est le cerveau”.

Sur un parcours de 4 heures, tu ne joues la balle qu'environ 2 minutes 30 ! Le mental joue un rôle essentiel pour maîtriser les difficultés du parcours et la concentration te permet d'accomplir le geste parfait au moment voulu.

ment et sécurité

Si tu veux améliorer tes performances, il est indispensable que tu apprennes à maîtriser tes nerfs et à canaliser tes émotions.

Au golf, plusieurs joueurs se trouvent sur le parcours, ce qui implique de la prudence.

Ne frappe jamais ta balle tant que les joueurs te précédant sont à portée de ton swing le plus long.

Si, malgré tout, la balle jouée risque de blesser une personne, tu dois immédiatement l'avertir en criant “balle !” ou “fore !” (en anglais).

Lorsque tu fais des mouvements d'essai, assure-toi que personne autour de toi, et surtout derrière, ne risque de recevoir un coup de club ou des graviers projetés par celui-ci.

Attention aux orages

Lorsqu'un orage se produit, éloigne-toi rapidement de tes clubs, de ton chariot et de tout élément métallique.

Évite les zones dégagées, les arbres isolés, les collines ainsi que les surfaces d'eau.

Essaye de trouver un abri dans les bois, sinon mets-toi le plus accroupi et le plus immobile possible dans les parties basses, voire dans un bunker, après avoir ôté le râteau !

Le respect des règles

Le golf est avant tout un art de vivre qui se manifeste par un code de base : l'étiquette. Cette notion, remontant à six siècles, est là pour préserver l'esprit d'une compétition où règne un caractère sportif. Être golfeur, c'est avoir un comportement respectueux vis-à-vis des autres joueurs et respecter le parcours.

Le golf a la particularité d'être un sport se pratiquant en majeure partie sans le contrôle d'un arbitre. Chaque joueur est son propre juge et le fait de transgresser les règles n'offense que soi-même.

Tu as la responsabilité, à chaque trou, du remplissage de ta carte de score. Si tu triches sur le nombre de coups joués, tu risques la disqualification.

Les règles du golf sont au nombre de trente-quatre, avec des sous- sections et des annexes. La plupart traitent de la façon d'agir pour récupérer une balle sortie du “fairway”.

et des autres

Le fait d'ignorer ou de mal interpréter ces règles peut entraîner des pénalités importantes et peut jouer un rôle capital dans l'issue de tournois professionnels. Souviens-toi qu'en compétition, tu n'as pas le droit d'être conseillé, sauf par ton partenaire ou par un cadet.

La règle principale du golf oblige à jouer la balle là où elle se trouve, sans aménager sa position, ni les environs, ce qui implique de s'adapter aux situations les plus diverses.

Une balle sortie du jeu doit être rejouée à l'endroit où elle était lors de sa frappe et entraîne une pénalité.

Si, après 5 minutes de recherche, le joueur ne retrouve pas sa balle, il doit en rejouer une nouvelle.

Lorsque la balle est jugée injouable, parce qu'elle est dans un lieu où il est impossible de la frapper avec un club, tu la “droppes”. Cette action consiste à ramasser la balle et, bras tendu, face au trou, la laisser retomber sur le côté. (Des conditions détaillées régissent cette remise en jeu).

Le respect des règles

Le jeu lent

Pour toi, rien n'est plus agaçant que de devoir attendre ton tour pour pouvoir jouer. La réciproque étant valable pour les autres, marche rapidement, évite les mouvements d'essai trop fréquents. En arrivant au green mets ton chariot ou ton sac en direction du prochain départ et dès que le trou est terminé éloigne-toi. Tu marqueras ton score au départ suivant. Si ta balle est égarée, laisse passer les joueurs qui attendent.

L'étiquette s'applique également au comportement vis-à-vis des autres joueurs. Pour ne pas perturber un golfeur jouant sa balle, tu t'abstiens de parler et de gesticuler et lorsque ton adversaire a perdu sa balle, tu l'aides à la retrouver.

…et des autres

Des règles concernent la fragilité du terrain. Elles ont pour but de le laisser en bon état après ton passage.

Tu dois systématiquement effacer toute trace de “pitch” (point d'impact de la balle retombant sur le green) au moyen d'un relève-pitch.
Il en va de même avec les “divots” (mottes de gazon soulevé par l'impact du club sous la balle). Il est conseillé de faire son swing d'essai en dehors de l'aire de départ.
Après avoir joué dans un “bunker”, celui-ci doit être ratissé (du centre vers l'extérieur).

Ton sac ou ton chariot ne doit jamais être laissé sur le green, que tu éviteras de labourer avec tes chaussures.
Quand tu manies le drapeau, fais-le avec délicatesse afin d'éviter d'endommager le trou.

Les professionnels, com

Une des originalités du golf est l'index (ou handicap). Celui-ci consiste à attribuer à chaque joueur, en fonction de sa valeur, un nombre de coups plus élevés (ou plus bas, pour les meilleurs joueurs) que ne nécessite le par. Ainsi un joueur inexpérimenté avec un index de 36 pourra effectuer un parcours de par 72 en 108 coups (108 - 36 = 72), alors qu'un joueur confirmé d'index 7 devra, pour être à égalité, effectuer le même parcours en 79 coups (79 - 7 = 72).

pétitions et champions

Le système des handicaps permet des compétitions internationales entre amateurs de bon niveau et professionnels. Ces tournois portent le nom de “open”.

Le grand chelem de golf

Il existe quatre tournois majeurs du golf professionnel masculin.

Le British Open (L'Open britannique) organisé depuis 1860, se tient, en juillet, sur les golfs les plus prestigieux de Grande-Bretagne et tous les cinq ans environs, à Saint-Andrews, La Mecque du golf.

L'US Open (US Open Masters de golf) a lieu chaque année à Augusta (États-Unis) sur le parcours considéré comme le plus difficile au monde. Le vainqueur se voit remettre une veste verte, en souvenir de l'époque ou le golf se jouait en costume.

La Ryder Cup, depuis 1927, a lieu tous les deux ans au mois de septembre, alternativement aux États-Unis et en Europe.

La Walker Cup date de 1922 et se déroule également tous les deux ans, en mai, alternativement en Grande-Bretagne et aux États-Unis.

L'USPGA Tour (Championnat de l'Association des Joueurs Professionnels des États-Unis) date de 1916.

Les professionnels, com

Les deux principales formes de jeux, pratiquées lors des grandes épreuves sont, d'une part le stroke-play, se pratiquant contre tous les autres compétiteurs. Il consiste à jouer tous les trous du parcours et à les réussir avec le moins de coups possible. Et d'autre part le match-play, se jouant contre un seul adversaire. Ce sont les trous gagnés ou perdus qui déterminent le vainqueur. À chaque trou, le but consiste à réaliser un meilleur score que son adversaire.

Le golf a la particularité d'offrir de nombreuses variantes de jeux, comme la course au drapeau, le contre le par, le patsome, l'eclectic, le ringer score, le Chapman, le scramble ou la course à la ficelle.

On peut aussi jouer en double. Chaque équipe (ou camp) comporte deux compétiteurs et les règles varient en fonction du jeu choisi. Au foursome, chaque équipier joue alternativement la même balle. Le départ des trous "impairs" est joué par un des partenaires, tandis que l'autre prend le départ des "pairs". Au greensome, les deux partenaires jouent chacun une balle au départ de chaque trou, puis choisissent l'une d'elles qu'ils jouent alors alternativement jusqu'à la fin du trou.

Au quatre-balles, deux joueurs jouent chacun une balle et le meilleur score réalisé sur chaque trou est pris en compte.

Les champions

Même sans être un fan de golf, certains noms résonnent de façon familière, comme Arnold Palmer, Bobby Jones, Nick Faldo, Jack Nicklaus, Severian Ballesteros. Ces joueurs sont connus mondialement et peuvent gagner plusieurs millions par tournoi.

Actuellement, Tiger Woods est la vedette incontestée du golf.
Il fait partie des cinq golfeurs les plus titrés du monde et était, en mars 2007, détenteur de 56 trophées. Vainqueur en 2006 de l'USPGA Tour, il a touché plus d'un million de dollars.

En France, Raphaël Jacquelin, né en 1974 à Lyon, s'initie au golf en 1988, passe pro en 1995. En 2006, il est 45e du Tour européen, N°1 français. En 2007, il signe à Shanghai sa deuxième victoire en circuit européen après l'Open de Madrid en 2005.

Eldrick Woods, né aux États-Unis le 30 décembre 1975, d'un père Afro-américain et d'une mère thaïlandaise.
On raconte qu'à 2 ans déjà, il "puttait" des balles, lors d'émissions de télévision.
À 16 ans, il gagne pour la première fois le championnat junior amateur des États-Unis. À 21 ans, il passe professionnel et devient, en 1997, le plus jeune golfeur N°1 mondial. Son drive de 308 m reste fameux dans les annales du golf.

Glossaire et index

Adresse p. 16
Position de préparation au swing.

Avant-green
Surface entourant le green sur laquelle l'herbe est tondue plus ras que sur le fairway.

Bois de parcours p. 26
Bois destinés à jouer des coups hors de l'aire de départ.

Cadet p. 39
Accompagnateur du joueur chargé de porter le sac de clubs et de le conseiller sur le parcours.

Divot p. 41
Morceau de gazon soulevé par l'impact du club sous la balle.

Driver p.26, 28
Bois N°1 permettant de taper le drive, c'est-à-dire le coup de départ.

Dropper p. 39
Ramasser la balle pour la sortir d'un endroit injouable et, face au trou, la laisser retomber sur le côté, bras tendu.

Etiquette p.38, 40
Code de bonne conduite du golfeur sur un parcours.

Grip p. 17, 19, 33
Partie supérieure d'un club et technique de prise en main du manche.

Handicap p. 42, 43
Classement d'un joueur amateur.

Open p. 43, 45
Compétition internationale entre amateurs et professionnels.

Parcours p. 5, 9, 10, 13, 20, 21, 24 à 26, 28, 30, 32, 35 à 38, 42 à 44
Partie du terrain sur lequel se déroule le jeu.

Pitch p. 41
Petit trou provoqué par l'impact de la balle tombant sur le green.

Practice p. 12, 30
Aire d'entraînement sur laquelle les joueurs vont taper des balles ou travailler leur swing.

Putter p. 26, 28

Club utilisé sur les greens pour rentrer la balle dans le trou.

Rough p. 24, 26

Partie du parcours laissée à l'état sauvage pouvant comporter arbres, arbustes, buissons ou hautes herbes.

Swing p.14, 15, 17, 18, 26, 30, 32, 34, 35, 37, 41

Mouvement décrit par le club lors de l'exécution d'un coup.

Tee p. 20, 24, 26, 30

Aire de départ d'un trou et aussi la pointe de bois ou de plastique sur laquelle le joueur place sa balle au départ.

Waggle p. 17

Petits mouvements décontractants avant de frapper la balle.

Wedge p. 27, 28

Club ouvert et lourd à manche court, utilisé pour les sorties de bunker ou les approches lobées.

AVERTISSEMENT

Ce sport peut être dangereux.
Ce livre en est une découverte.
Pour ta sécurité tu dois être responsable.

Crédit photographique :
Toutes les photos sont de Dominique Lambert.